꿈터 어린이 25

에너지를 지켜라!

정성현 글 | 김이주 그림

앗, 전기가 나갔어! 　 7

전기야, 고마워! 　 21

에너지가 뭐지? 　 35

엘포 선생님은 토론을 좋아해! 　 53

달빛 원자력 발전소 출발　🌼 **63**

즐거운 축제, 이야기식 독서 토론　🌼 **86**

에너지를 지켜라!　🌼 **116**

작가의 말　**130**

　수업이 끝나자 아이들이 운동장으로 우르르 쏟아져 나왔다.

　"얘들아, 우리 집에 가서 조별 숙제 같이하자."

　유식이가 앞장서며 말했다.

　"그래, 잘됐다. 유식이네 집이 학교에서 제일 가까우니까, 좋아, 출발!"

　두발이가 유식이 뒤를 따랐다.

　"우리 엄마가 그러는데 너네 무지개아파트 엄청 오래

돼서 여기저기 고장이 잘 난다는데 우리 가도 괜찮니?"

주혜가 슬쩍 유식이 얼굴을 쳐다보며 말했다.

"야, 우리 아파트 100년 넘어도 끄떡없어. 빨리 가서 신나게 게임부터 먼저 하자."

"야호, 게임이 우리를 기다리신다."

두발이가 두 손을 번쩍 들며 환호했다.

"넌 아무 때나 게임 타령이니? 숙제부터 해. 게임은 나중에 너희끼리 하고!"

주혜가 톡 쏘아붙였다.

"체. 너 간 다음에 우리끼리 재미있게 놀 거다."

두발이가 툴툴거렸다.

"맘대로. 어휴, 너무 덥다. 빨리 숙제하고 집에 가야지. 최유식, 우리 정말 너네 집 가도 되니? 날도 더운데 전기가 나가면 너무 끔찍해."

주혜가 상상하기도 싫다는 듯이 고개를 흔들었다.

"야, 아파트가 오래되어서 전기가 나가냐? 사람들이 전기를 많이 쓰니까 정전되는 거지. 우리 집 이번에 에너지 1등급 최고 좋은 '팡팡 에어컨' 샀어. 몇 초 만에 북극처럼 시원해져."

유식이가 주혜를 흘겨보며 말했다.

"북극? 진짜? 우와, 좋다. 시원한 데서 아이스크림도 먹자."

두발이가 한 손으로 아이스크림 먹는 시늉을 했다.

학교 후문으로 나오자 바로 무지개아파트 정문이 나왔다.

"유식아, 넌 아침에 집에서 몇 시에 나오니? 5분이면 학교 도착하겠네?"

"나는 10분 전에 나가. 애들 뛰어가는 거 우리 창문

에서 다 보여. 너도 뛰어가는 거 한 번 봤어."

"좋겠다. 우리도 무지개아파트 살면 아침에 좀 더 잘 수 있을 텐데."

두발이가 부러운 듯 아파트를 올려다보았다.

"참, 너희 집 몇 층이니?"

"6층이야. 두발이 너 지난번에도 놀러 왔었잖아?"

"이런, 깜박. 우리, 누가 먼저 계단으로 올라가나 시합할까."

"좋았어. 지금부터 시작이다."

유식이와 두발이가 두 손을 주먹 쥐고 계단을 오를 준비했다.

"싫어, 난 엘리베이터 탈 거야. 너희끼리 해."

주혜가 엘리베이터 버튼을 누르려고 하는 찰나, 문이 열리면서 사람들이 내렸다.

"두발아, 엘리베이터도 왔는데 우리 그냥 타자."

주혜와 유식이가 엘리베이터에 타자 두발이도 마지못해 탔다.

"엘리베이터보다 내가 더 빠른데……."

두발이가 입을 쭉 내밀며 6층 엘리베이터 버튼을 눌렀다.

"가만, 지금 엘리베이터가 이상한데."

유식이가 갸우뚱했다.

"어머머…… 엘리베이터가 3층에서 멈춘 것 같아."

주혜가 놀라서 말했다.

"으헉, 어떻게 해."

두발이는 금방이라도 울 것 같았다.

"어떡하지? 큰일 났다."

유식이가 아무 버튼이나 마구 눌렀다.

"뭐 누르는 것 있었는데……."

"이거야, 여기. 비상 호출 버튼 누르면 돼."

주혜가 침착하게 호출 버튼을 눌렀다.

"여보세요. 여보세요. 관리실입니다."

"아저씨! 아저씨!"

"아저씨!"

아이들이 다급하게 불렀다.

"무슨 일이니? 왜 그래?"

관리실 아저씨도 놀라 물었다.

"저희 엘리베이터에 갇혔어요!"

주혜가 인터폰에 대고 큰 소리로 말했다.

"아저씨! 얼른 우리 구해주세요!"

두발이가 엘리베이터 문을 손으로 탕탕 쳤다.

"얘들아, 괜찮아. 아저씨가 바로 갈게."

"아저씨, 숨 막혀요! 빨리 오세요! 빨리요!"

두발이는 놀랐는지 얼굴이 하얗게 질렸다.

"얘들아! 지금 너희들만 있니? 어느 동 몇 호 라인이니?"

"네! 저랑 친구들이랑 있어요. 1동 1~2호 라인 엘리베이터인데요. 우리요…… 갇혔는데요. 여기…… 3층인가…… 멈췄어요. 빨리…… 빨리…… 와…… 주세요."

유식이가 당황해서 말도 제대로 하지 못했다.

"쯧쯧. 남자애들이 겁만 많아서. 근데 여기 핸드폰도 안 터진다. 답답해 죽겠네."

주혜는 관리실 아저씨가 곧 온다고 해서인지 제법 차분해졌다.

"119 걸어 봐! 빨리!"

"지금 핸드폰이 안 터진다고 했잖아!"

두발이가 재촉하자 주혜가 까칠하게 말했다.

"아무 때나 119에 전화 하니? 지금 관리실 아저씨가 오신다고 했으니까 기다려보자. 호랑이한테 물려가도 정신만 차리면 산다는 말도 있잖아."

두발이가 주혜의 말에 멋쩍었는지 머리를 긁적였다.

"하필이면 우리 숙제하는 날 엘리베이터가 멈추니? 무지개 아파트가 아니라 천둥, 벼락 아파트 같아!"

"바보, 멍청이! 오늘 수업 시간에도 전 세계적으로 에너지가 부족하다고 했잖아. 우리나라도 마찬가지고. 지금 전기 에너지가 부족해서 멈춘 거라고!"

유식이가 억울하다는 듯이 주혜를 보고 말했다.

"뭐, 뭐? 바보, 멍청이? 이게 정말? 공부도 나보다 훨씬 못하면서!"

주혜가 씩씩거렸다.

"그만해! 지금 싸울 때가 아니야."

두발이가 힘이 빠졌는지 풀썩 주저앉았다.

"그냥 두발이랑 계단으로 갈걸. 너 때문에 엘리베이터 탔다가 이게 뭐야."

"내가 언제 너희들보고 엘리베이터 타라고 그랬니? 너희가 따라 탄 거잖아. 그리고 엘리베이터가 타라고 있는 거지. 장식품이니? 참나."

주혜가 속사포처럼 말했다.

"얘들아, 이제 그만 좀 해! 지금 에너지가 부족하든, 엘리베이터 기계 고장이든 그게 문제가 아니잖아. 목도 마르고……."

두발이의 목소리에 잔뜩 짜증이 묻어났다. 아이들의 등줄기에 땀이 가득 흘러내렸다.

"두발아, 너도 들었지? 주혜가 나 공부 못한다고 비웃었잖아?"

"네가 먼저 나보고 바보 멍청이라고 했잖아!"

"그만 좀 해!"

두발이가 주혜와 유식이 사이를 막아섰다.

"조용히 해 봐! 무슨 소리 들린다."

"무슨 소리?"

"쉿."

"……."

"누가 왔나 봐. 웅성거리는 소리가 났어."

"맞아. 아저씨들이야. 이제 살았다."

두발이가 엘리베이터 문에 귀를 바짝 대더니 안도의 숨을 쉬었다.

드르륵 드드.

엘리베이터 문 여는 소리가 들렸다.

"얘들아, 안에 있니?"

"네."

"네, 빨리 꺼내 주세요!"

아이들이 큰 소리로 말했다.

"얘들아, 놀랐지? 이제 괜찮다."

관리실 아저씨가 문을 열며 말했다.

"우와! 살았다."

두발이가 찌푸린 얼굴을 활짝 폈다.

"에게. 우리 10분 갇혀 있었네. 근데 몇 시간 갇혀 있었던 것 같아."

"아저씨, 엘리베이터가 왜 멈춘 거예요?"

유식이가 이마의 땀을 닦으며 물었다.

"얘들아, 요즘 날이 덥다 보니 전기를 많이 써서 정전이 잘 되는구나. 낮은 층은 걸어 다니렴."

"네, 알겠습니다. 전 잘 걸어 다녀요."

유식이는 주혜를 향해 혀를 날름거렸다.

"마주혜, 아저씨 말씀 잘 들었지? 낮은 층은 걸어 다녀야지!"

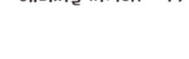

"치, 하여튼 넌 알아주어야 한다니까."

주혜가 피식 웃었다.

"빨리 숙제하자. 우리 집에 오자고 해서 미안해."

유식이가 머리를 긁적이며 말했다.

"나 빨리 아이스크림 먹고 싶어."

"나도 시원한 것 먹고 싶어."

아이들은 6층까지 단숨에 걸어 올라갔다.

"애들아, 어서 와라. 웬 땀을 이렇게 흘렸니?"

아이들이 가방을 바닥에 내려놓았다.

"엄마, 친구들이랑 숙제 같이하려고 왔어. 근데 오는 중에 엘리베이터가 멈췄어."

"저런. 괜찮았니? 너희들 놀랐겠다?"

"아니요. 아무렇지도 않았어요. 우리가 바로 관리실에 인터폰도 했어요."

두발이가 별일 아닌 듯이 말했다.
"의젓하네. 고생했다."
"엄마, 실은 두발이가 제일 놀라서 막 울려고 했어."
유식이가 짓궂게 웃었다.
"내가 언제? 너는 무서워서

기절하려고 했잖아!"

두발이가 억울한 듯 큰 소리로 말했다.

"둘 다 울려고 했잖아. 내가 다 봤거든."

주혜가 메롱 하며 약을 올렸다.

엘리베이터 안도 더웠지만, 유식이네 집도 후덥지근했다.

"엄마, 에어컨도 안 틀었나 봐?"

유식이가 에어컨 앞으로 달려가 26°C에 맞춰진 온도를 단숨에 19°C까지 낮췄다.

얼마 지나지 않아 집 안은 얼음장처럼 서늘해졌다.

"오늘 아침부터 몇 번 정전이 되어서 그래. 뉴스 보니까 요즘 기록적인 더위 때문에 전기 사용량이 많아졌다

는구나. 유식아, 2시~4시 사이에 전기를 특히 많이 쓴다는데 에어컨은 전력 소모가 커서 적정온도로 맞추어야 해."

"언제 시원해지길 기다려? 온도를 낮추어야 금방 시원해지지."

유식이가 에어컨 앞에서 꿈쩍도 하지 않았다.

"우리부터 에너지를 절약해야지. 이렇게 펑펑 쓰면 또 정전될 수 있어."

"정전! 무서워요. 높은 층 아파트 올라가다가 엘리베이터 멈추었으면 진짜 무서웠을 거예요."

"두발이도 정전이 무섭구나. 아줌마도 무서워."

"네? 아줌마도 무서워요?"

주혜가 의아하다는 듯 갸웃거렸다.

"정전이 일어나면 이렇게 갑자기 엘리베이터나 지하철

이 멈출 수도 있고 냉장고에 전원이 나가 음식이 상할 수도 있거든. 날도 더운데 에어컨은커녕 선풍기도 틀지 못하고. 유식이가 좋아하는 TV 프로그램도 못 보고. 정말 무섭지."

아줌마가 냉장고 문을 열며 말했다.

"이런, 아이스크림이 조금 녹았네, 어쩌지?"

"엄마, 얼마큼 녹았어?"

"이것 좀 봐."

유식이 엄마가 아이스크림을 통째로 꺼냈다.

"그래도 먹을 만한데……. 엄마는 빨리 냉장고 청소 좀 해야겠다. 유건이까지 냉장실 문을 제대로 닫지 않아서 음식들이 상한 거 같아."

유식이 엄마는 부리나케 빨간 고무장갑을 끼고 냉장실의 음식들을 하나씩 꺼내기 시작했다.

"나는 꽝꽝 언 아이스크림이 더 좋은데……."

두발이가 혼잣말했다.

"전기는 정해진 만큼 공급하는데 사용하는 양이 너무 많으니까. 정전이 한 번 일어나면 정말 큰 피해가 생긴단다. 우리 집도 이런 데 식당이나 회사, 공장 같은 곳은 무척 심각할 거야."

유식이 엄마는 걱정스럽게 말했다.

"저는 이렇게 살짝 녹은 아이스크림이 더 맛있어요. 더 주세요."

주혜가 그릇을 내밀었다.

"그래, 너무 많이 먹으면 배탈 나니까 적당히 먹으렴. 전기밥솥도 밥하는 도중에 전원이 나가서 아무래도 밥을 새로 해야 할 것 같아."

"정말 전기가 없으면 어떻게 될까?"

두발이는 아이스크림을 먹다 말고 생각에 잠겼다.

"전기가 없으면 추운 나라 사람들은 춥게 살고, 더운 나라 사람들은 덥게 살고. 은행도 병원도 다 문 닫을 것 같아. 인터넷도 안 되고, 아예 나라가 엉망이 될 것 같아."

"아우, 생각하기도 싫어. 난 여름에 에어컨 없으면 못 살아. 정말 옛날 사람들은 이렇게 더운 날, 에어컨도 없이 어떻게 살았지?"

유식이가 말하자 두발이도 손사래를 쳤다.

"아줌마가 어렸을 때 추울 때는 연탄을 때고 더울 때는 선풍기 한 대로 견디는 집이 많았단다. 이젠 가스보일러로 금방 따뜻해지고 에어컨으로 순식간에 시원해지고. 정말 편리해졌지. 얘들아, 토머스 에디슨 알지?"

"네, 알아요. '천재는 1%의 영감과 99%의 노력으로 이루어진다'라고 말한 발명가예요."

주혜가 똑 부러지게 말했다.

"토머스 에디슨이 세계 최초로 전기회사를 차렸어. 그리고 우리나라에는 1887년에 고종황제가 에디슨의 전기회사를 통해서 경복궁에 처음으로 전기를 설치했단다."

유식이는 갑자기 엄마가 자랑스러웠다.

"엄마, 우리나라 최초로 전기를 드려온 분이 고종황제였네요?"

"그래, 그렇지만 많은 사람이 전기를 쉽게 쓰게 된 건 1970년대부

토머스 에디슨

터야. 전기를 사용해서 밤낮없이 기계를 작동할 수 있어서 경제가 많이 발전할 수 있었단다. 이런, 내가 이야기를 너무 많이 했네. 어서 숙제해라."

"벌써 세 시가 넘었어. 우리 빨리 숙제하자. 조금 이따가 학원가야 돼."

주혜가 노트를 꺼냈다.

"우리 조는 신·재생 에너지를 조사하는 거야. 먼저 인터넷에서 관련 자료를 전부 찾아보자. 빨리 내 방으로 가자."

유식이가 컴퓨터를 켰다.

"무슨 말이 이렇게 어려워. 신·재생 에너지가 뭐야?"

두발이가 얼굴을 찡그렸다.

"새로운 에너지가 신에너지이고 재생 에너지는 재활용할 수 있는 에너지를 말하는 거야. 수업시간에 뭐 했니?"

주혜가 컴퓨터를 검색하며 말했다.

"얘들아, 이것 봐. 신에너지는 석유, 석탄, 원자력 등 기존에 사용되던 에너지가 아닌 새로운 형태의 에너지를 의미한대. 수소 에너지, 연료 전지, 석탄 액화 및 가스화도 포함되고."

주혜가 계속해서 말했다.

"음…… 수소 에너지는 전기를 만들고 난 뒤 찌꺼기로 순수한 물만 나오기 때문에 친환경적인 에너지야. 연료 전지 역시 산소와 수소를 이용해서 에너지를 만드는데, 이산화탄소를 배출하지 않아서 완전 친환경적이야. 석탄 액화 및 가스화 기술은 이산화탄소, 미세먼지가 많이 나오는 고체 형태의 석탄을 액체, 혹은 기체로 만드는 기술이야. 미세먼지 배출량을 무려 90% 이상이

나 줄일 수 있대."

"에너지 이름이 너무 어렵다. 나라면 에너지 이름을 재미있게 만들 텐데……. 흥부에너지, 놀부에너지, 이런 식으로."

두발이가 툴툴거리며 말했다.

"맞아. 우리가 에너지 이름을 재미있게 지었으면 좋겠어. 근데 신·재생 에너지는 아직 우리가 사용하기에는 불편하기도 하고 가격이 비쌀 것 같아. 과학자들이 연구하고 있으니까 점점 더 사용하기 편리해질 거야."

"흠흠, 그러면 새로운 에너지가 오래된 에너지로 바뀌겠네."

"아마 그렇겠지. 재생 에너지는 아주 오래전부터 우리가 사용한 에너지인데……. 땔감, 가축의 똥 등도 있고 태양 빛, 바람 등도 에너지로 사용해."

유식이도 옆에서 말했다.

똑똑똑.

"얘들아, 이것 좀 먹으면서 해."

유식이 엄마가 수박을 가지고 왔다.

"얘들아, 이제 우리 먹으면서 하자. 내가 제일 좋아하는 수박이다!"

두발이가 재빨리 먹기 시작했다.

"어휴, 하여간 먹는 건 제일 빨라."

유식이가 핀잔을 주었다.

"먹는 게 남는 거라고 우리 엄마가 그랬거든."

두발이가 입안 가득 우물거렸다.

"맞아. 아줌마도 너희들이 잘 먹고 잘 크는 게 제일 중요한 것 같다."

"아줌마 짱이에요."

두발이와 주혜가 엄지를 척하고 올렸다.

"호호호."

"헤헤헤."

"앗!"

"또 정전이야. 어떻게 해. 이제까지 우리가 찾아 놓은 자료 없어졌으면……."

"나도 이제 학원가야 하는데……."

아이들이 울상이 되었다.

"얘들아, 아파트 관리실에 알아볼게."

유식이 엄마가 관리실에 연락하려는 사이에 다시 불이 들어왔다.

"어휴, 금방 불이 들어와서 다행이다."

"얘들아, 오늘 전력이 많이 부족한가 보다. 빨리 숙제 하렴."

"네, 알겠어요."

"빨리 컴퓨터 켜 봐. 자료 찾은 것 없어졌으면 어떻게 해."

주혜가 재촉했다.

"알았어. 가만있어 봐."

"자료 그대로 있어. 깜짝 놀랐잖아. 우리 이제 말하지 말고 빨리 숙제하자. 저장도 잘하고."

유식이가 가슴을 쓸어내렸다.

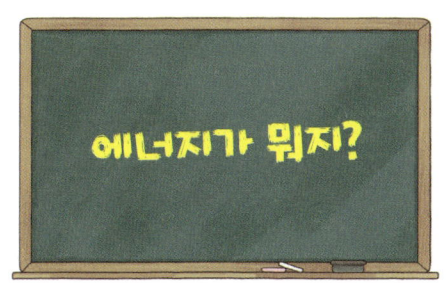

　엘포 선생님이 들어왔다. 엘포는 선생님의 별명이다. 아이들이 겨울왕국의 엘사 공주 이야기를 한창 할 때였다. 선생님이 칠판에 크게 L4를 썼다.

"여러분, 요즘 L4 이야기를 많이 하는데 L4가 무슨 의미예요?"

　선생님이 말하자 아이들이 여기저기서 웃기 시작했다.

"알파벳 L과 숫자 4가 아니고 엘사 공주예요."

"우하하."

"낄낄낄낄."

"아이고, 배야."

선생님은 어리둥절했다. 그때 인재가 엘사 공주 사진을 선생님께 보여드렸다.

"선생님, 겨울왕국 애니메이션 영화의 주인공 엘사 공주예요."

그러자 아이들이 교실이 떠나갈 듯 책상을 두들기며 웃었다. 그때부터 선생님의 별명은 L4, 엘사 공주와 발음을 구분하기 위해 엘포가 되었다. 아이들이 한 손으로 영어 대문자 L을 만들고 한 손으로는 엄지손가락을 구부리고 네 손가락을 죽 펴면서 L4 선생님을 불렀다.

"이제 조용히 합시다. 여러분, 지금은 에너지 수업 시간이에요. 조별 숙제는 다 해왔나요?"

"네, 엘포 선생님!"

아이들이 우렁차게 대답했다.

"여러분은 오늘 아침에 일어나자마자 무엇을 했나요?"

"바로 더 자려고 알람을 껐어요."

"눈을 비비며 일어났어요."

"세수했어요."

아이들이 여기저기서 대답했다.

"우리는 아침에 일어나는 순간부터 잠을 잘 때까지 에너지를 사용하고 있어요. 일어나서 불을 켜고, 따뜻한 물을 사용하고, 음식을 만들고, 버스나 지하철을 타는 일 모두 에너지를 사용한답니다. 여러분, 에너지가 없다면 어떻게 될까요?"

두발이가 손을 번쩍 들었다.

"음식 만들어 먹는 게 힘들어요. 라면 하나 끓여 먹

는 것도 우리 힘으로 힘들 것 같아요."

"컵라면 먹으면 되지. 키득키득."

민석이가 웃었다.

"맞아, 맞아. 두발이는 자나 깨나 먹는 생각뿐이야."

몇몇 아이들이 웃으며 맞장구를 쳤다.

주혜가 손을 들었다.

"마주혜, 의견 말해보세요."

"선생님, 물을 데우려면 가스나 전기가 필요해요. 에너지가 있어야 물을 데우지요. 컵라면도 마찬가지예요."

"네, 맞아요. 또 다른 의견 없나요?"

"게임기가 쓸모없는 기계가 돼요."

"버스도 못 타요"

"컴퓨터를 못 해요."

아이들이 앞다투며 말했다.

"저는 모든 게 멈출 것 같아요. 에너지가 있어야 움직이는데……."

인재가 발표하자 아이들이 고개를 끄덕거렸다.

"여러분, 지금 에너지가 많을까요? 적을까요?"

"요즘 정전이 잘 되는 것 보니까 에너지가 부족한 것 같아요. 어제 유식이네 아파트 정전되었었어요"

두발이가 말했다.

"요즘 뉴스에서 자꾸 에너지 위기라고 해요."

"저희가 살 때까지는 에너지가 있을 것 같아요."

민석이가 어깨를 으쓱하며 말했다.

"여러분, 늘 우리 곁에 있는 에너지이지만 그 고마움을 잘 느끼지 못할 때가 많지요. 언제나 우리가 펑펑 쓸 수 있을 것 같았는데 현실은 그렇지 않답니다. 오늘 여러분들이 조사한 에너지에 대해 알아보고 우리가 어

떤 점을 노력해야 할지 생각해볼까요? 모두 자료 조사 잘 해왔지요?"

"네!"

아이들이 우렁차게 대답했다.

"그럼 어느 조에서 먼저 발표할까요?"

"저희가 먼저 발표할게요."

도희가 재빠르게 손을 들었다.

"나도희 조는 어떤 에너지를 조사했나요?"

"저희 조는 화석 연료를 조사했습니다. 발표를 시작하겠습니다."

짝짝짝.

"나도희, 잘해!"

함께 조사한 조원들이 손뼉을 치며 응원을 해주었다.

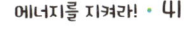

"화석 에너지는 화석 연료라고도 합니다. 석탄이나 석유, 천연가스 등을 이용하는 에너지입니다. 아주 오랜 시간에 걸쳐서요. 동식물이 썩어서 땅속에 묻힌 것들이 열과 압력을 받아서 만들어진 연료입니다. 우리나라에서 많이 볼 수 있어요. 사용할 때 환경오염이 심한 편입니다. 석유는 다른 연료들에 비해 에너지 효율도 높고 편리하게 사용할 수 있어요. 석유는 이동하거나 보관하는 것도 쉬운 편이죠. 그리고 천연가스는 액화 천연가스(LNG)와 압축 천연가스(CNG)가 있는데 공기보다 가벼워서 쉽게 날아갑니다. 화석 연료는 현재 세계적으로 가장 많이 사용하는 에너지라고 합니다. 그런데 자원이 한정된 데다 사람들이 많이 사용해서 안타깝게도 이제 거의 바닥 날 지경이라고 해요. 우리 모두 에너지를 절약, 또 절약해야 한다고 생각했습니다. 이상입니다."

도희가 막힘없이 발표했다.

"역시 도희는 똑순이야."

"도희 짱!"

아이들이 추켜세우자 도희가 어깨를 으쓱했다.

"발표 잘했어요. 그다음 발표할 조는?"

"저희 조는 원자력 에너지를 조사했습니다."

민석이는 여유 있게 주위를 돌아보며 말했다.

"자기가 무슨 연예인인 줄 아나 봐. 유식아, 너 조금 있다가 더 멋있게 발표해."

두발이가 귓속말을 하였다.

"다른 조는 조용히 해주세요. 음음. 원자력 에너지는 화석 에너지와 차원이 다른 에너지입니다."

"쟤 좀 봐. 차원이 다르대? 4차원인가? 크크."

"난 무섭더라."

몇몇 아이들이 수군댔다.

"여러분, 나와 의견이 조금 다르더라도 경청해주세요.

탁민석! 발표 계속해요."

엘포 선생님이 아이들을 조용히 시켰다.

"원자력 에너지란 핵에너지라고도 합니다. 원자핵이 분열되는 과정을 통해 만드는 에너지입니다. 원자력은 가격도 저렴하고 이산화탄소가 발생하지 않아요. 그래서 화석 에너지의 단점을 보완하는 에너지가 되었어요. 우라늄이라는 원료로 원자력 에너지를 만드는데요. 우라늄이라는 원료는 가격도 쌀 뿐만 아니라 적은 양으로 많은 에너지를 만들 수 있어요. 우리나라에도 우라늄이 있지만, 양이 너무 적어서 땅에서 직접 캐서 사용하는 것보다 수입하는 것이 더 저렴하다고 합니다. 저희 조에서 원자력 에너지를 조사하다 보니 환경에 좋다, 좋지 않다 혹은 원자력 에너지가 싸다, 비싸다 등 논란이 많다는 것을 알게 되었습니다. 아무튼, 원자력 에너지가 장점도 많지만 잘못되었을 때 피해가 막대하므로 좋지 않은 것 같습니다."

"장점이 한 가지도 없는 것 같은데!"

주혜가 큰 소리로 말했다. 몇몇 아이들이 동조했다.

"원자력 에너지에 대해서 여러 의견이 있을 수 있어요. 나중에 다른 친구들도 어떻게 생각하는지 들어보아요. 이제 마지막 조 발표해요."

"저희 조는 신·재생 에너지를 조사했습니다. 많은 과학자가 원자력 에너지 말고 더 안전하면서도 자원이 사라지지 않는 친환경 에너지는 없을까 고민했습니다."

"맞습니다. 박수!"

유식이가 발표하자 두발이가 큰소리로 손뼉을 쳤다.

"자기네 조라고 무조건 손뼉을 치는 것 좀 봐."

민석이가 얼굴을 찡그리며 말했다.

"여러분, 조용히 하고 잘 들어봐요."

"아, 신·재생 에너지란……."

"최유식, 뜸 들이지 말고 빨리 발표해."

도희가 답답하다는 듯이 쏘아붙였다.

"지금 유식이가 발표하려고 하는데 네가 분위기 망치는 거잖아."

주혜가 맞받아쳤다.

"신·재생 에너지는 화석 에너지, 원자력 에너지와 비교할 수 없을 정도로 진짜, 진짜로 안전하고 환경을 해치지 않는 착한 에너지입니다. 자원도 풍부합니다. 신에너지는 새로운 에너지라는 뜻이에요. 대표적으로 수소 에너지가 있습니다. 수소 에너지는 수소를 이용해서 만드는 에너지인데요. 수소의 원료인 물을 분해해서 얻기 때문에 공해 물질이 거의 없습니다. 자동차나 비행기 등 여러 분야에 사용할 수 있어요. 재생 에너지는 자연에 이미 있는 에너지인데요. 재생, 그러니까 사용해도 계속 다시 생기는 에너지라는 뜻이에요. 태양, 바람, 물 등을 사용하지요. 태양 에너지는 태양의 빛과 열을 이용한 에너지를 말합니다. 태양 에너지는 에너지의 양도 많고 환경오염을 일으키지는 않지만, 계절과 날씨에 영향을 받아요. 옛날에도 풍차나 댐 같은 재생 에너지를 사용했지만, 그 양이 매우 적었어요. 하지만 요즘에는 더욱 다양하고 편리하게 사용하기 위해 연구하는 중입니다. 계속 연구하고 있으므로 값도 싸지고 우리가 사용하기에 편리해질 것 같아요. 우리 조는 신·재생 에너지가 우리 인류와 지구의 미래를 책임질 수 있는 에너지여서 앞으로 비중을 많이 늘려야 한다고 생각합니다. 이상 발표 마칩니다."

"잘했어!"

두발이가 큰소리로 손뼉 치자 다른 아이들도 따라서 손뼉을 쳤다.

"어휴, 몇 개 빠뜨리고 발표했어……."

유식이가 한 손으로 머리를 긁적거리며 말했다.

"여러분, 모두 숙제 발표 잘했어요. 느낀 점이나 궁금한 점이 있으면 자유롭게 말해봐요."

"원자력 에너지를 더는 사용하면 안 될 것 같아요."

주혜가 단호하게 말했다.

"얼마 전 일본에서도 원전 폭발이 있었어요."

"맞아. 후쿠시마 원전."

"저는 원자력 에너지가 필요한 것 같아요."

아이들이 저마다 원자력 에너지에 대한 생각을 말했다.

"네, 여러분. 이번 발표 중에 특히 원자력 에너지에 대해서 관심이 많네요. 원자력 에너지는 유명한 전문가들도 찬반으로 의견이 팽팽하게 나뉜답니다. 후쿠시마 원전 사고 이후 원자력에 대한 관심이 뜨거워진 것 같아요. 그래서 우리도 원자력에 대한 책을 읽고 이야기식 토론을 해보려고 해요. 다음 주까지 책을 읽고 원자력 에너지에 대해서 더 깊이 알아보아요. 이야기식 독서 토론에 참여하고 싶은 친구는 선생님에게 알려주세요."

"엘포 선생님, 이야기식 독서 토론 어떻게 하는 건데요?"

민석이가 궁금한지 물어보았다.

"이야기는 정답이 있을까요? 없을까요?"

"정답이 없어요."

"맞아요. 정답이 없죠. 이야기식 독서 토론은 정답이 아니라 자신이 의문을 가진 내용을 공부하고 토론하며 저마다의 해답을 찾아가는 과정이에요."

"선생님, 무슨 영화 제목 같아요. 나만의 해답을 찾아서!"

인재가 신기한 듯이 두 눈을 동그랗게 떴다.

"네, 그럼요. 이야기 재미있지요?"

"네."

"이야기처럼 쉽고 재미있게 토론할 수 있어서 이야기

식 독서 토론이라고 해요. 책을 열심히 읽으면 더 깊이 있는 토론을 할 수 있어요. 책을 읽지 않은 친구들도 함께 독서 토론에 참여하다 보면 책이 저절로 읽고 싶어질 거예요."

아이들이 믿지 못하겠다는 듯 선생님을 멀뚱멀뚱 바라보았다.

"그럼, 내일 이야기식 독서 토론을 배우고 직접 해볼게요."

"네."

수업이 끝난 후 유식이, 두발이, 주혜가 운동장에서 만났다.

"우리 어제 같이 힘들게 자료 찾고 정리했는데 내가 발표를 잘못한 것 같아."

유식이가 의기소침했다.

"아니야. 유식아, 잘했어. 내가 발표했으면 아마 몇 마디도 못 했을 거야."

두발이가 말하자 주혜도 고개를 끄덕였다.

"고마워. 근데 우리 이야기식 독서 토론 같이 참여하는 게 어때?"

"글쎄, 난 좀 독서 토론은 자신 없어. 발표도 잘 못하는데 토론을 어떻게……."

두발이가 고개를 절레절레 흔들며 걱정스럽게 말했다.

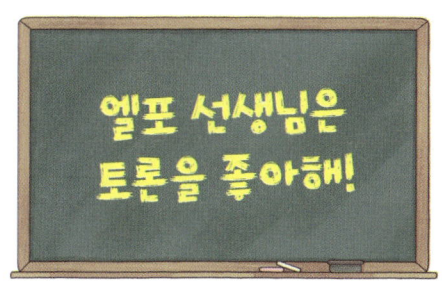

"오늘은 이야기식 독서 토론에 대해서 알아볼 거예요. 선생님이 오랫동안 독서 토론을 지도하면서 어떻게 하면 쉽고 재미있게 자기 생각을 펼칠 수 있을까 고민해보았어요. 몇 명씩 편을 만들어 형식에 따라 진행하는 찬반 토론도 좋지만 자유롭게 이야기를 하듯 독서 토론을 하면 처음 접해보는 친구들도 편안하게 참여할 수 있답니다."

"네."

"토론하면 찬성과 반대로 나누어서 주장하는 토론을 많이 하던데……."

도희가 시큰둥해서 말했다.

"이야기식 독서 토론은 누구나 편안하게 자기 생각을 발표하고 남의 생각을 잘 듣는 것이 가장 중요해요. 정말 말하기 어렵거나 의견을 내세우기 힘들 때는 하지 않아도 돼요. 상대방의 이야기를 잘 듣는 것만으로도 훌륭한 공부가 되니까요."

"와우, 그럼 나도 할 수 있겠다."

두발이가 민석이와 눈이 마주치자 눈을 찡긋하며 웃었다. 민석이가 어림없다는 듯 두 손으로 X자를 만들어 보였다. 두발이가 발끈해서 선생님 몰래 주먹을 날리는 시늉을 했다.

'아무래도 이야기식 독서 토론대회 참여해야겠어. 탁

민석 코를 납작하게 해주겠어.'

"여러분, 독서 토론은 상대방을 이기기 위해서 하는 것이 아니에요. 책을 읽고 서로의 생각을 나누면서 더 많이 배우고 마음을 키우는 활동이에요."

선생님이 말하자 두발이가 뜨끔했다.

'우리 엘포 선생님은 진짜 초능력자인가 봐. 내 마음을 들여다본 것 같아.'

"책을 읽고 친구들과 대화를 나누듯이 토론을 해보아요. 대상 도서를 읽고 느낀 점도 나누고, 책에서 어떤 문제를 다루고 있는지 생각해보고 그에 대한 대안도 찾아보아요. 쟁점이 생기면 그에 대한 찬성인지, 반대인지 근거를 들어 자기 생각을 발표합니다."

"선생님, 빨리해보고 싶어요."

'저런, 인재가 토론자로 나오면 좀 불리할 것 같은

데…….'

두발이는 머릿속에서 독서 토론에 참여할까 말까 저울질을 했다.

"이야기식 독서 토론은 세 단계로 이루어져요. 첫 번째 단계에서는 책을 읽지 않고도 말할 수 있는 배경지식에 대해 물어봅니다. 여러분들이 그동안 교과서에서 배운 내용이나 다른 책에서 알게 된 내용 등을 활용해서 답변하면 됩니다."

"선생님, 제가 그냥 평소에 생각했던 내용을 이야기해도 되나요?"

도희가 물었다.

"참, 좋은 질문이에요. 배경지식은 내가 이제까지 경험했던 내용이나 지식을 말해요. 평소에 알고 있는 내용을 말하면 됩니다. 창의적으로 발표하면 더 좋아요. 그

럼 두 번째 단계는 무엇인지 알아볼까요?"

"음, 책을 잘 읽었는지 확인할 것 같아요."

"유식이가 유식하게 말했어요. 맞아요. 두 번째 단계에서는 책을 제대로 읽었는지 확인하는 질문을 해요. 여러분은 사회자의 진행에 따라 나의 생각이나 의견을 발표하면 됩니다. 마지막 단계에서는 책에서 다루고 있는 주제와 관련해서 내 생활이나 우리 사회와 관련지어 생각해볼 수 있는 질문을 할 거예요. 직접 해보면 얼마나 쉽고 재미있는지 알 수 있을 거예요."

"선생님!"

주혜가 손을 들었다.

"같은 편은 몇 명까지 되나요?"

"이야기식 독서 토론은 같은 편, 다른 편이 없어요. 돌아가면서 자기 생각을 말하면 된답니다. 찬성이냐 반

대냐에 따라 구분해서 앉지 않고 사회자의 안내에 따라 자리에 앉으면 돼요."

"그럼 다른 아이가 발표한 내용에 대해 반박하려면 어떻게 해요?"

주혜가 연이어 물었다.

"그때는 손을 들고 사회자의 허락을 받고 자기 생각을 발표하면 됩니다. 상대방을 배려하면서 토론 예절을 지키면서 해야겠지요. 말을 할 때는 바른 자세로 또박또박, 큰소리로 발표합니다. 떨리더라도 다른 토론자들을 보면서 말하면 좋겠어요. 상대방이 발표할 때에는 고개를 끄덕이거나 메모를 하면서 잘 듣고 있다는 몸짓을 보여주면 상대방이 발표하는 데 더 힘이 날 거예요. 그럼 다음 주에 토론자로 참여하고 싶은 친구 손들어 볼까요?"

"탁민석을 추천합니다."

"구인재를 추천합니다."

다른 아이들이 토론자를 추천하기 시작하자 두발이의 마음이 다급해졌다.

"저도 해보고 싶어요."

"저도 참가할 거예요."

"네, 다른 친구를 추천해도 좋고 자신이 참여해도 좋아요. 민석이는 추천받았는데 어떻게 할 건가요?"

"네, 참여할게요."

민석이는 식은 죽 먹기라는 듯 가벼운 표정을 지었다.

"그럼, 나도희, 탁민석, 구인재, 마주혜, 이두발, 최유식 이렇게 토론에 참여하기로 했어요. 다른 친구들도 참여하고 싶으면 언제든지 선생님에게 이야기해요. 이번에 토론에 참여하지 않는 친구들은 토론자들의 의견을 들으면서 내 생각과 어떤 점이 같고 다른지 생각해보는 시간이 되었으면 해요. 그럼 다음 주까지 모두 원자력 에너지에 대한 책을 읽어 오기 바랍니다."

"네, 선생님."

"네, 알겠습니다."

"참, 원자력 에너지 관련 다른 도서나, 인터넷 자료, 혹은 여러 전문가의 동영상을 찾아보아도 좋아요. 그리고 모두 토론에 참여한다는 자세로 준비해오면 좋겠어요."

"네."

수업이 끝난 후 주혜, 두발, 유식이가 운동장에 모였다. 두발이가 이야기식 독서 토론에 참여한다고 해놓고 불안한지 친구들을 붙잡았다.

"얘들아, 우리 같이 토론 준비하자."

"야, 이두발. 자신이 없으면 손을 들지 말아야지."

주혜가 톡 쏘았다.

"아까 민석이 발표하는 것 봤지. 잘난 체하는 걸 보니까 토론으로 꽉 눌러 주고 싶더라고. 근데 내가 반대로 될 것 같아. 어쩌지?"

두발이가 안절부절못했다.

"우리 같은 조니까 원자력 독서 토론도 같이 준비해 보자. 선생님께서 이야기식 독서 토론은 승패가 중요한 게 아니라 서로 즐기면서 토론하는 게 중요하다고 했잖아."

"유식아, 아무 때나 유식한 척하지 마. 뭘 좀 알아야 즐기든지 배려를 하든지 할 거 아냐. 아무리 엘포 선생님이 승패가 중요하지 않다고 해도 토론에서 지면 기분이 좋겠니? 그리고 독서 토론을 같이 준비하면 서로 어떤 내용인지 아는데 토론이 되겠니?"

주혜가 한심하다는 듯 말했다.

"마주혜, 함께 준비해도 생각은 다를 수 있잖아."

"너희 둘이 같이 준비해. 나 먼저 간다."

주혜가 뒤도 돌아보지 않고 운동장을 가로지르며 걸어갔다.

"야! 마주혜. 잠깐 서 봐!"

두발이가 쫓아갔다.

"왜 따라오니?"

"우리 에너지 숙제도 같이했는데 이야기식 독서 토론도 같이 준비하자."

두발이가 풀이 죽은 음성으로 말했다.

"다른 애 알아봐. 난 바빠서 이만 갈게."

주혜가 빠른 걸음으로 교문 쪽으로 갔다.

두발
내일, 달빛 원자력 발전소 갈래?

유식
어디 있는 건데?
원자력 발전소는 다 멀리 있잖아.

주혜
난 왜 불렀니?

두발
우리 외삼촌이 원자력 발전소에 연구원으로 근무하는데 찾아가 보려고.

유식: 와, 너희 외삼촌 대단하다!

주혜: ㅎㅎ

두발: 이번 주말에 견학시켜줄 수 있대.

유식: 와! 신난다!
근데 우리끼리 어떻게 가지.

주혜: 그러게 ㅠㅠ

두발: 우리 엄마도 궁금하다고 함께 가신다고 했어. 어때?

 유식
와, 좋아. 바로 엄마한테 허락받을게.

 주혜
갈까, 말까~

 유식
원자력 에너지를 공부하는 데 도움이 될 것 같아. 마주혜, 일생일대의 기회일걸!

두발
마주혜, 가자.

 주혜
좋아! 나도 부모님께 허락받아 볼게.

두발
좋았어. 그럼 내일 아침에 우리 집으로 와!

에너지를 지켜라! • 65

유식이는 달빛 원자력 발전소에 직접 간다고 생각하니 무척 설레었다. 지도를 살펴보고 거리가 어느 정도 되는지 알아보고 그곳에서 알아보고 싶은 내용도 하나씩 적었다.

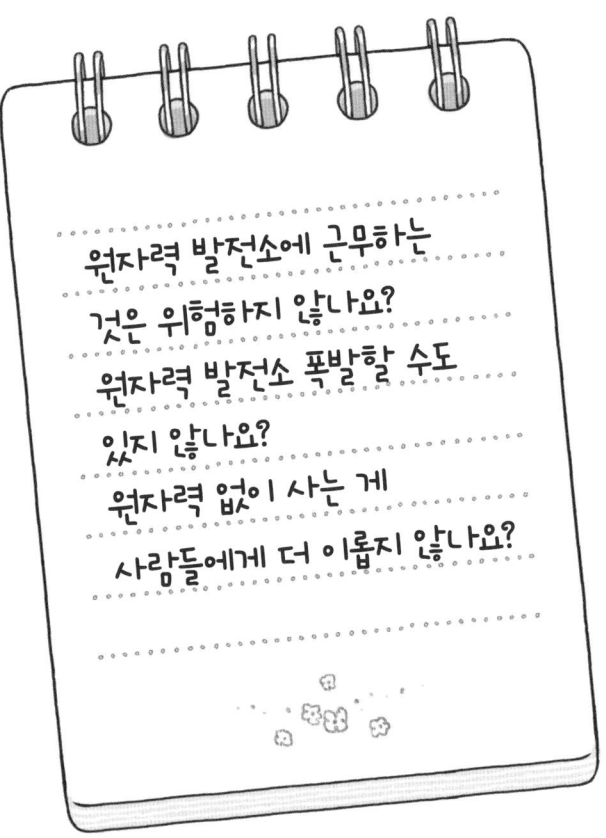

원자력 발전소에 근무하는
것은 위험하지 않나요?
원자력 발전소 폭발할 수도
있지 않나요?
원자력 없이 사는 게
사람들에게 더 이롭지 않나요?

드디어 아침이 밝았다.

"모두 시간 잘 맞추어서 왔네. 다들 안전띠하고."

두발이 엄마의 차를 타고 달빛 원자력 발전소로 향했다. 달빛 원자력 발전소는 자동차로 두 시간 이상 가야 했다.

"얘들아, 우리 원자력 발전소 잘못 갔다가 방사선 때문에 몸이 이상해지는 것 아닐까?"

유식이가 가방에서 미세먼지방지 마스크를 주섬주섬 꺼냈다.

"야. 방사선이 유출된다면 네 마스크로는 어림도 없어."

"그러게. 네 마스크로 해결된다면 그게 방사선이냐. 히히."

아이들이 놀리자 유식이는 마스크를 다시 가방에 넣

었다.

"너희들, 지금 원자력 발전소 가는 게 조금 불안한가 보구나? 이번에 원자력 발전소에 가서 진짜 위험한 곳인지 알아보자."

두발이 엄마가 운전하며 말했다.

아이들이 이야기를 나누다 깜박 잠이 들었다.

"얘들아, 이제 일어나. 도착했다."

"아항, 졸려."

아이들이 부스스한 얼굴로 하품을 했다.

"어머, 저기 마중 나왔네."

달빛 원자력 발전소 정문 앞에 두발이 외삼촌이 기다리고 있었다.

"아유, 이게 얼마 만이야. 그동안 잘 지냈니? 이렇게 두발이 독서 토론 때문에 만나게 되는구나."

"누나도 두발이도 오래간만이야. 너희들도 반갑다."

"외삼촌! 여기서 보니까 더 멋있어. 너희들 인사해."

두발이가 우쭐했다.

"안녕하세요, 아저씨."

"안녕하세요."

"얘들아, 나 아저씨 아닌데. 그냥 형, 오빠라고 불러라. 하하"

"우리 형은 저보다 두 살 더 많은데. 아저씨는 완전 커요."

유식이가 두 손을 크게 벌렸다.

"그래, 그래. 알았다."

"아저씨, 두발이랑 다르게 참 멋있어요."

주혜가 두발이와 외삼촌을 번갈아 보았다.

"허허허. 그렇게 봐줘서 고맙구나."

"뭐? 우리 외삼촌이 나랑 다르게 멋있다고? 내가 어때서?"

"애들아, 그럼 못써. 이제 발전소를 둘러보자."

아이들이 티격태격하자 두발이 엄마가 말했다.

"여기가 원자력 발전소 홍보관이란다."

두발이 외삼촌이 안내했다.

"와! 크다."

아이들이 감탄해서 소리 질렀다.

"우리 말고도 사람들이 많네요?"

유식이가 한 무리의 사람들이 들어오는 것을 보며 말했다.

"응. 평상시에도 사람들이 견학을 많이 와. 학생들도 있지만, 주민들도 많아. 이곳에서 원자력에 대해 많은 정보도 얻고 교육도 받아."

띠리릭.

두발이의 휴대전화가 울렸다.

"인재구나. 나 지금 엄마랑 멀리 와 있어."

"우리 내일 독서 토론 같이 준비하자."

수화기 너머로 인재의 목소리가 뚜렷하게 들렸다.

"그래. 내일 시간 괜찮으면 같이 하자."

두발이가 전화를 끊자 주혜와 유식이가 흘겨보았다.

"야, 여기까지 같이 왔는데 우리랑 준비해야지 인재랑 같이 준비하냐?"

유식이가 서운한 표정으로 말했다.

"다 함께하면 좋잖아. 민석이는 빼고."

"하하하. 친구들이랑 다 같이 준비하면 좋지. 애들아, 지금 그 휴대전화 충전은 어떻게 하니?"

"전기로 충전해요. 좀 어려운 문제 없어요?"

유식이가 말하자 모두 웃었다.

"맞아. 전기 에너지를 사용하지. 우리 현대인은 하루

를 에너지로 시작해서 에너지로 마감한다고 말할 수 있을 정도야. 이렇게 많이 이용하는 에너지의 30% 정도가 바로 원자력 에너지란다."

"원자력 하면 뭔가 무시무시한 것 같은데 여기는 아주 평화로운 것 같아. 차 안에서 유식이는 방사선 무섭다고 마스크까지 쓰려고 했는데……."

"누나도 참. 우리에게 얼마나 소중한 에너지인데. 얘들아, 원자력은 우리들의 좋은 친구란다."

"친구요?"

주혜가 고개를 갸우뚱했다.

"그래, 우리가 지금 전기 없는 세상을 상상할 수 있겠니? 전기를 생산하는데 화력, 원자력, 수력, 태양열 등이 있는데 가장 큰 비중을 차지하는 것이 화력과 원자력 발전 방식이야. 그런데 석탄이나 석유 등 화력 에너

지는 이산화탄소가 많이 배출되어서 환경에 심각한 피해가 간단다."

"네, 요즘 화력 발전소 때문에 미세먼지 발생이 많다고 해요. 그리고 여름에 춥고 겨울에 더워지는 등 기후 변화에도 영향을 미친다고 배웠어요. 세계적으로 가장 많이 소비하는 에너지가 화석 연료인데 환경을 위해서 사용을 줄여야 한대요."

"유식이 공부 많이 했네. 사람들이 처음에는 불을 사용하다 석유나 석탄 등 화석 연료를 사용했어. 화석 연료도 많이 사용하다 보니 자원이 얼마 남지 않았고. 그래서 사라질 위험이 별로 없으면서도 에너지가 풍부하고, 효율적인 에너지를 개발하게 되었어."

"아, 그게 바로 원자력 에너지네요."

유식이가 잘난 체를 했다. 주혜가 유식이를 못마땅하게 보았다.

"사람들이 에너지로 사용하기 위해서는 무엇보다 환경을 파괴하지 않아야 해. 그리고 비용도 저렴하고 에너지도 안정적으로 사용할 수 있어야 하는데 원자력이 바로 그런 에너지라는 말씀. 그러니까 우리들의 좋은 에너지 친구이지."

"이번에 신·재생 에너지를 조사했는데요, 신·재생 에너지가 더 친환경적이고 좋은 에너지 친구 같아요."

유식이가 말하자 두발이와 주혜도 고개를 끄덕였다.

"저는 아무튼 원자력 에너지는 별로예요."

주혜가 볼멘소리로 말했다.

"그래. 사람마다 생각이 다를 수 있지. '아는 만큼 보인다'라는 말이 있듯이 이곳에 왔으니까 원자력 에너지에 대해 자세히 알려줄게. 일단 우리나라 원자력의 역사를 살펴볼까?"

"네."

"우리나라 원자력 역사 나도 궁금했는데."

두발이 엄마도 아이들 틈에 끼어 열심히 들었다.

"1950년대는 우리나라가 전쟁으로 굶주리고 가난할 때였어. 이승만 대통령이 산업 발전을 하려면 전기가 필요한데 어떤 에너지원을 선택할까 고민하던 중 우연히 미국의 전문가에게서 1g의 우라늄이 석탄 3톤에 해당하는 에너지를 생산할 수 있다는 말을 들었지. 그래서 1959년에 원자력 기술을 개발하기 위한 최초의 원자력 연구소를 세웠어. 1962년에는 원자력 기술을 연구할 목적으로 만들어진 '연구용 원자로'가 처음 운용이 되었단다. 그리고 1978년에는 전기를 생산할 목적으로 최초의 원자로인 고리 1호기가 부산에서 운전을 시작했어. 1980년대에 드디어 원자력 발전소에 들어가는 연료를 국산화하는 데 성공했어. 90년대 들어서 우리 기술로 설계, 운영하는 데 드디어 성공했단다. 2009년 처음으로 중동 아랍에미리트에 원전 4기를 수출하게 되었고 2010년도에 요르단에 연구용 원자로를 수출, 우리나라가 원전을 수입하는 나라에서 수출하는 나라로 우뚝

서게 되었단다."

"우와! 수입국에서 수출국이 되었네요."

"와!"

두발이가 짝짝짝 손뼉을 쳤다.

"근데 인터넷에서 보니까 원자력 발전소 옆에서 사는 동물이나 사람들이 기형으로 태어나거나 병에 걸렸다는 내용이 많이 나오던데요."

주혜가 수첩을 들여다보며 말했다.

"외삼촌, 나도 어디선가 원전 근처에 살면 병에 걸린다는 내용을 들은 것 같아."

"그래. 나도 그런 소문을 들었어. 후훗. 얘들아, 원자력 발전소 근처에서 사는 사람들이 그렇게 병에 걸렸다면 이곳에서 근무하는 우리는 더 위험하지 않겠니?"

"흐흠, 그러고 보니 그런 것 같아요."

유식이가 한 손을 턱에 괴며 대답했다.

"우리 과학자들이 그렇게 병에 많이 걸리면 근무할 수 없겠지. 하나밖에 없는 소중한 생명인데. 우리가 퇴근할 때에는 밖에 나가기 전에 기계에서 방사능 오염이 되었는지 매일 확인을 해. 이상이 없다는 신호가 나오면 통과해서 집으로 온단다."

두발이 외삼촌이 안내하는 대로 이곳저곳을 둘러보았다.

"아니, 이곳이 수산시장인가? 무슨 어류가 이렇게 많지?"

두발이 엄마가 말하자 아이들도 두 눈이 휘둥그레졌다.

"와, 여기 내가 좋아하는 전복도 있고 물고기들이 많아."

두발이가 입맛을 다셨다.

"원자력 발전소랑 양식장. 뭔가 좀 이상해요. 왜 여기에 물고기들이 있는 거죠?"

주혜가 물었다.

"여기는 온배수를 활용해서 물고기를 키우는 거야. 우리가 온배수 양식장을 운영하는 이유는 발전소에서 쓰고 나온 온배수 즉 따뜻한 배수가 물고기들이 싱싱

하게 자랄 수 있는 물이라는 것을 보여주기 위해서야."

"어라? 기형 물고기가 하나도 없네요."

주혜가 물고기들을 이리저리 살펴보았다.

"그래. 온배수 양식장에서 자란 어류들도 수산시장의 어류처럼 안전하단다."

"나는 후쿠시마 원전 사고 때문에 그 지역에서 생산

되는 것들은 식탁에 올려놓지 않으려고 하는데. 원자력 발전소 안에서 키우는 어류는 아무래도 먹을 사람이 없을 것 같은데……."

두발이 엄마가 아무래도 미심쩍다는 듯이 말했다.

"여기서 직접 주민들이 물고기를 잡는 체험도 하고 먹기도 해. 어류들이 알을 낳을 때 되면 주변 해역에 놓아주어서 어민들에게 큰 도움을 주기도 하고. 우리나라가 현재 세계 5대 원자력 강국이고 원자력 기술 면에서도 세계 최고라고 할 수 있어. 그러니 믿고 먹어도 돼. 하하."

'언제인가 뉴스에서 지역 어민들이 원자력 발전소 때문에 피해를 보았다고. 보상하라는 시위를 본 것 같은데…….'

두발이 엄마가 혼잣말했다.

"원자력 에너지에 대해서는 늘 찬성과 반대 의견이 끊이지 않아. 너희들 이곳에 와보니 어떠니?"

"저는 아저씨와 함께 원자력에 대한 영상도 보고 설명을 들어보니 생각이 많이 바뀌었어요."

"저도요. 처음에 잘 모를 때에는 무조건 부정적으로 생각했는데 원자력의 필요성, 생산과정, 안전시스템 등을 알게 되니까 지금은 완전 원자력 에너지파가 되었어요."

유식이와 두발이가 말하자 주혜가 한숨을 '푹' 내쉬었다.

"휴우."

"왜? 힘드니?"

원자력 아저씨가 물었다.

"저는 머리가 더 복잡해졌어요."

주혜가 머리가 아픈지 이마에 손을 올렸다.

"저는 이렇게 견학을 와도 잘 모르겠어요. 전기 에너지로 사용한 후 남은 핵폐기물 문제도 심각하다고 하는데. 원자력 에너지가 진짜 우리들의 좋은 친구인지 아직은 잘 모르겠어요."

"그래, 원자력 발전소에 한 번 견학 온 것만으로 많은 것을 알기는 힘들 거야. 그래도 이렇게 어릴 때부터 에너지에 관심이 있다니. 너희들 같은 어린이들이 많을수록 우리나라 에너지의 미래가 밝단다."

"네, 감사합니다."

"넵."

"오늘 두발이랑 친구들을 위해서 안내해주어서 고마워. 집에 좀 놀러 와. 네가 좋아하는 잡채 해줄게."

"아이들 덕분에 내가 더 즐거웠는데……. 얘들아, 앞

으로도 궁금하면 언제든지 물어보렴. 전화나 이메일로 해도 돼."

"저도 고맙습니다. 그래도 여기에서 배운 게 많아요. 무조건 원자력 에너지에 대해 반대하기보다 더 정확하게 알아야겠다는 생각을 하게 되었어요."

주혜가 허리를 90도로 꺾어서 인사를 하자 유식이와 두발이도 덩달아 허리를 숙였다.

주혜는 집으로 오는 길, 차 안에서 많은 생각에 잠겼다.

"우리 원자력 에너지와 신·재생 에너지에 대해 더 알아보아야 할 것 같아. 우리 같이 준비해보자. 신·재생 에너지에는 어떤 문제점이 있는지도 알아보고."

"그래, 그래."

유식이와 두발이는 피곤한지 건성으로 대답했다.

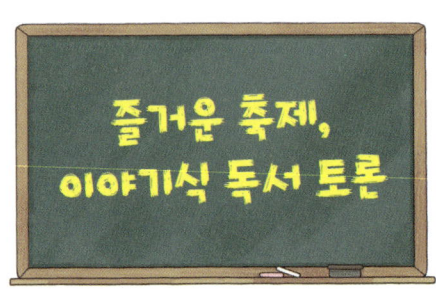

"여러분, 오늘 수업은 독서 토론을 할 거예요. 책은 다 읽어 왔나요?"

"네."

아이들이 우렁차게 대답했다.

"여러분, 독서 토론을 할 때 가장 중요한 것은 무엇일까요?"

"주장과 이유를 잘 설명해야 해요."

"큰소리로 발표해야 해요."

"자료를 잘 찾아야 해요."

"잘 들어야 해요."

"네. 여러분의 의견 전부 맞아요. 선생님이 덧붙여서 말할게요. 토론할 때에는 서로를 배려하고 존중하면서 이야기를 나눌 수 있어야 해요. 상대 토론자를 이기기 위해 내 의견만 옳다고 내세우는 것이 아니라 나와 다른 생각들을 들어보고, 무엇이 옳은지 논리적으로 차근차근 이야기하는 것이 필요하답니다."

아이들이 선생님의 말씀에 귀를 쫑긋했다.

"선생님이 사회를 맡아서 진행할 텐데 여러분 모두 즐거운 독서 토론을 했으면 좋겠어요. 독서 토론은 책을 읽고 함께 마음을 나누는 축제랍니다. 여섯 명의 친구들이 독서 토론자로 신청을 했어요. 나머지 친구들은 독서 토론을 보면서 어느 토론자의 어떤 점이 설득력이

있는지 생각해 보기 바랍니다."

"네."

아이들의 눈이 일제히 토론자들에게 쏠렸다.

'아우, 떨려.'

두발이가 긴장했는지 표정이 굳었다.

"편안하게 하자. 좀 못하면 어때."

유식이가 두발이의 어깨를 툭 하고 쳤다.

'이럴 땐 꼭 형 같다니까?'

두발이가 책상 밑에 두 손을 꼭 쥐었다.

한 명씩 돌아가면서 이번 독서 토론에 참여하는 마음가짐을 발표했다. 민석이가 첫 번째로 말했다.

"저는 친구들과 어떤 에너지가 우리들에게 필요한지 많은 이야기를 나누고 싶습니다. 그리고 이왕이면 친구들을 토론으로 이겼으면 좋겠습니다."

"저는…… 이렇게 책…… 읽고 친구들…… 저어 앞에서 말하는 거…… 만으로도…… 기쁩니다."

마지막으로 두발이가 말하자 모두 까르르 웃었다.

"네, 모두 마음가짐이 훌륭합니다. 여러분은 원자력 하면 어떤 생각이 떠오르는지 자유롭게 이야기해 볼까요. 누가 먼저 발표할까요?"

선생님이 아이들을 둘러보며 말했다.

주혜가 토론자들의 얼굴을 살피며 눈치를 보는 사이 도희가 번쩍 손을 들었다.

"저는 원자력 하면 체르노빌 사고가 떠오릅니다. 1986년 4월 26일, 우크라이나의 체르노빌 원전 4호기가 방사능 누출 사고로 인명피해가 심각했습니다. 지금까지 세계 최악의 사고라고 합니다."

도희가 발표하자 주위에서 '아!', '역시'하는 소리가 들려왔다.

"저는 원자력 하면 '고마움'이 떠오릅니다. 원자력 발전소가 없었다면 지금처럼 발전하기 힘들었을 것 같아요. 그리고 원자력 에너지 없이 석유나, 석탄 에너지에만 의존했다면 대기오염이 심각해져서 미세먼지 마스크가 아니라 방독면이 필요했을 것 같아요. 원자력 발전소 덕분에 방독면을 쓰지 않게 된 것 같아 고마운 마음입니다."

유식이가 다른 토론자들을 둘러보며 말했다.

"저는 원자력 하면 얼마 전 본 영화 '판도라'가 떠올라요."

인재가 말하자 아이들이 웃었다.

"맞아. 나도 '판도라'가 생각났는데."

"'판도라'에서 지진이 나니까 원전이 폭발했어요. 많은 사람이 죽거나 다쳤어요. 실제로 우리나라에서 이런 일이 일어날까 봐 걱정됩니다."

"저는 원자력 에너지의 두 얼굴이 떠올라요. 한쪽은 사람들에게 무척 도움을 주는 친절한 얼굴이고 다른 한쪽 얼굴은 사람들을 위협하는 무서운 얼굴 같아요."

"저는 일본 히로시마에 떨어진 원자폭탄이 떠오릅니다. 일본이 연합군에 항복하고 우리나라도 긴 식민지 생활을 벗어날 수 있었지만, 일본에 끌려간 우리 노동자들도 많이 죽었어요. 그 피해가 지금까지도 이어지고 있어요."

모두 원자력 하면 떠오르는 생각들을 말했다.

"네, 여러분들의 생각 잘 들었어요. 모두 서로의 의견을 경청하며 잘 발표하는 모습이 멋지네요."

자기 생각을 한 번씩 발표하자 한결 토론 분위기가 부드러워졌다.

"책에는 원자력 에너지가 안전하다, 위험하다 논란이 많다고 합니다. 여러분들은 이에 대해 어떻게 생각하나요?"

선생님의 말씀이 끝나자마자 유식이가 손을 들었다.

"저도 원자력 에너지가 안전하다고 생각합니다."

"아니, 그 위험한 에너지를……."

민석이가 중간에 말을 끊었다.

"지금 발표 중인데……."

유식이가 민석이를 한 번 노려본 후 말을 이어서 했다.

"저는 지난 일요일에 달빛 원자력 발전소에 다녀왔어요. 연구원인 두발이 외삼촌과 인터뷰도 했어요. 우리가 원자력 발전소를 불안해하는 가장 큰 이유는 방사능 때문인 것 같아요. 후쿠시마 원전사고 같은 재앙이 우리나라에도 일어날까 봐 걱정될 수 있습니다. 하지만 우리나라의 원자력 발전소가 후쿠시마의 발전소보다 훨씬 안전하고 튼튼하게 지어져서 방사성 물질이 외부에 노출될 우려가 없다고 합니다. 그리고 매 순간 문제가 생기면 빠르게 대응할 수 있도록 감시도 하고 있고요. 2008년에 국제 원자력 기구가 각 나라의 원자력 발전소를 꼼꼼하게 조사한 결과 우리나라의 원자력 발전소가 안전하게 운영되고 있다고 인정을 받았다고 합니다."

유식이가 말을 마치자마자 주혜가 바로 손을 들었다. 민석이가 반박하려다 못하자 두 눈을 질끈 감았다.

"유식이가 발표한 내용을 제가 더 보충 설명할게요. 책을 읽어보면 후쿠시마 원전과 우리나라 원전과 큰 차이가 있다고 합니다. 우리나라 원전에는 증기 발생기가 있는데 후쿠시마 원전에는 없다고 합니다. 그만큼 우리나라 원전은 폭발 가능성이 작습니다. 그리고 방사성 물질이 유출되지 않도록 핵폐기물도 몇 겹으로 에워싸서 유출될 위험이 없습니다."

"저도 직접 원자력 발전소에 다녀오니 진짜 방사능 비상 대책과 대응 방법이 아주 잘 되어 있었어요. 만일의 사태를 대비해서 훈련도 하고요. 우리 외삼촌이 자랑스럽게 근무하는 것을 보니 매우 안전한 것 같습니다. 이상입니다."

두발이의 목소리에 자신감이 묻어있었다.

"아니, 단 1%라도 방사성 물질 유출 위험이 없나요? 만약 방사성 물질이 유출되면 책임질 거예요? 그렇게 안전하면 그곳에 살든지……. 말이 안 돼. 자기네 외삼촌이 연구원이라고 편드는 건가. 만약 태양광 에너지 연구원이라면 어떻게 말했을까. 참 내."

민석이가 흥분해서 책상을 '꽝'하고 쳤다.

"야, 탁민석. 너, 말 다 했냐?"

두발이가 부르르 떨었다.

"뭐라고. 이게!"

"뭐? 이, 이, 이게라고?"

두발이가 금방이라도 숨이 넘어갈 것 같았다. 유식이도 벌떡 일어나 민석이를 쏘아 보았다. 순간 분위기가 험악해졌다.

"모두 자리에 앉아 주세요. 여러분. 잠시 토론을 쉬겠습니다."

선생님의 얼굴에 웃음기가 사라졌다.

아이들이 선생님의 눈치를 살폈다.

"여러분, 우리가 지금 무엇을 하고 있지요?"

"……."

"……."

"독서 토론이요."

아이들이 침묵을 지키자 노트에 기록하던 윤성이가 말했다.

"독서 토론을 할 때는 어떻게 해야지요?"

"……."

"서로 존중하고 배려해야 해요."

두발이가 입을 죽 내밀었다.

'저 자식이 먼저 싸움 걸었는데…….'

"여러분, 독서 토론을 할 때는 내 의견과 다르더라도 상대방의 이야기를 잘 들어야겠지요. 좋은 의견은 받아들이고 내 생각과 다른 의견이라도, 어떠한 상황에서도 예의를 갖추어서 차근차근 의견을 말할 수 있어야 해요."

"……."

"여러분, 이제 잘할 수 있나요? 토론할 준비가 되었나요?"

"네!"

"그럼 다시 토론을 시작할게요. 토론이 싸움이 아니라 즐거운 축제, 즐거운 공연이라고 생각하기 바랍니다. 발표할 토론자 있나요?"

"네, 제가 발표하겠습니다. 원자력 발전소가 안전하다는 분들의 말씀 잘 들었습니다."

도희가 착 가라앉은 목소리로 말했다.

나도희

"온 국민의 안전이 달려 있는데 당연히 많은 대비를 해야겠지요. 그런데 건물을 아무리 튼튼하게 짓고, 철통처럼 방사성 물질 유출을 막는다고 해도 사람들이 실수하면 어떻게 될까요? 체르노빌 사고도 과학자들이 실험하다 실수로 벌어진 일이에요. 1980년대 소련은 체르노빌 원자력 발전소가 무척 안

전하다고 했어요. 그런데 정전이 일어난 지 수초 만에 폭발했다고 합니다. 일본 역시 안전하다고 그렇게 자랑했지만, 후쿠시마 원전이 폭발했어요. 원전 근처에 살던 주민들이 마을을 떠나야 했고 그 마을이 언제 사고 이전의 상태로 돌아갈 수 있을지 알 수 없다고 합니다."

도희가 긴장했는지 침을 꼴깍 삼키며 잠시 쉬다가 말을 계속했다.

"진짜 지금까지 사고가 일어나지 않았다고 해서, 앞으로도 영원히 사고가 일어나지 않을 거라는 법이 있습니까? 만약 사고가 난다면 누가 책임지나요? 여기 있는 토론자분들이 100% 안전하다고 확신할 수 있나요? 이상입니다."

교실에 잠시 정적이 흘렀다.

"나도희 토론자의 의견 200% 동의합니다. 원자력 발전소에서 단 한 번의 사고라도 나면 어떻게 될까요? 최악의 피해를 보게 됩니다. 그 피해가 우리 후손들에게까지 이어질 수 있습니다. 또한, 방사능의 위험은 우라늄을 캘 때부터 폐

기물에 이르기까지 모든 과정에 있습니다. 아무리 최고의 수준으로 관리한다고 해도 자연재해나 예기치 못한 상황에서 사고가 일어날 가능성은 얼마든지 있어요."

민석이가 사고가 날 가능성이란 말에 특히 힘주어 말했다.

"원자력 발전소와 관련해서 근거 없는 소문이 많습니다. 예전 히로시마 원자폭탄이나 체르노빌의 피해 사례 등을 현재의 원자력발전소와 관련지어 생각하면서 막연하게 불안해하는 것 같아요. 아까 나도희 토론자가 100% 사고가 나지 않는다는 보장이 있냐고 했는데 이 세상에 100% 안전한 게 있나요? 석탄, 석유, 가스, 태양광 에너지, 풍력 에너지일지라도 100% 안전을 보장할 수는 없습니다. 우리가 살아가면서 원자력 발전소 폭발로 죽을 확률이 높을까요? 전쟁이나 굶주림, 각종 사고로 죽을 확률이 더 높을까요? 위험에 대한 가능성이 있다는 것만으로 원자력 에너지를 안전하지 않다고 생각하는 것은 옳지 않다고 생각합니다."

주혜가 민석이의 의견을 반박하며 가쁜 숨을 몰아쉬었다.

"저는 원자력 에너지가 안전하고 효율적인 우리들의 미래 에너지라고 생각합니다."

인재가 짧게 말하고 앉았다.

"근거가 부족한 것 같아."

토론을 경청하던 몇몇 아이들이 의견을 주고받았다.

"여러분, 이 세상 에너지가 여기 다 모인 것 같습니다. 여러분들의 뜨거운 토론 에너지로 이 세상을 환하게 밝힐 수 있을 것 같아요."

순간 긴장했던 토론자들의 표정에 웃음이 돌기 시작했다.

"이렇게 원자력 발전소가 안전하다, 안전하지 않다 찬

반 의견이 팽팽했는데요, 그렇다면 원자력 발전소가 앞으로도 계속 지속, 운영되어야 할까요? 여러분의 의견은 어떤가요?"

"처음 우리 산업을 발전시키는 데 원자력 에너지가 도움을 준 점 저도 동의합니다. 예전에는 에너지를 그렇게 많이 선택할 수 있는 시대가 아니었어요. 그런데 지금은 원자력을 대신할 친환경 에너지가 많습니다. 왜 안전한 친환경 에너지를 두고 위험한 에너지를 사용해야 하나요? 현재 방사성 폐기물 문제가 심각한 것 압니까? 주파수 교수님 의견에 따르면 사용 후 핵연료는 상당히 오랜 기간 보관해야 한다고 하는데 이제 폐기물을 처리할 장소도 마땅치 않다고 합니다. 인공지능 시대, 4차 혁명 시대니 하지만 아직도 핵연료를 안전하게 처리할 수 있는 기술이 개발되지 않았다고 합니다. 땅은 제한되어 있는데 시간이 갈수록 핵폐기물 처리 문제가 심각해질 것입니다. 만약 땅이 오염된다면 사람뿐만 아니라 이 땅의 모든 생명체가 살아갈 수 있을까요? 저는 이러한 이유로 원자력 발전소는 중단되어야 한다고 생각합니다."

"네, 탁민석 토론자 잘 발표했습니다. 또 다른 의견 있나요?"

토론 참가자들이 잠시 생각하느라 머뭇거렸다. 그때 두발이가 손을 들었다.

"탁민석 토론자는 40년 동안 사용한 핵폐기물 양이 어느 정도인지 압니까? 대상 도서에 사진까지 자세히 나와 있습니다. 마치 핵폐기물을 처리하는데 많은 땅이 필요한 것처럼 말했는데요. 제 생각에 태양광 패널 폐기물을 처리할 수 있는 땅이 더 부족할 것 같습니다. 저는 과학기술이 지금보다 발전해서 더욱 안전하고 환경에 좋은 에너지가 나온다면 모르겠는데 지금으로서는 원자력 에너지가 최선인 것 같습니다. 지금도 잘 사용하고 있는데 굳이 원자력 발전소를 중단할 필요는 없을 것 같습니다. 문제가 만약 있다면 문제를 해결해서 안전하게 사용할 수 있는 방법은 무엇인가 연구하고 개발하는 데 힘을 모아야 한다고 생각합니다."

"쟤, 완전 준비 많이 했나 봐?"

"두발이 점점 말 잘하는데."

아이들이 두발이를 응원했다. 도희가 반격에 나섰다.

나도희

"지금 전 세계적으로 신·재생 에너지 바람이 불고 있는 것 아시나요? 독일을 비롯한 여러 나라가 원전 대신 신·재생 에너지를 늘리고 있어요. 신·재생 에너지는 태양, 물, 바람 등 자연을 활용한 친환경 에너지입니다. 친환경 에너지란 환경을 더럽히거나 해치지 않고 자연 그대로의 환경과 잘 어울리는 것을 말해요. 화석 연료와 비교해 원자력 에너지를 자꾸 친환경 에너지라고 하는데요. 발전소를 건설하거나 유지하는 데에도 화석 연료가 많이 필요합니다. 방사성 물질도 배출해서 우리 환경을 무척 해치고 있어요. 우리도 하루빨리 원자력 발전소 운영을 중단하고 신·재생 에너지 사용을 많이 늘려야 합니다."

유식이는 토론을 준비하면서 보았던 자료를 머릿속으로 정리해보았다.

"나도희 토론자가 신·재생 에너지가 친환경적이라고 했는데요. 수력발전소를 지으려면 댐을 만들어야 하는데 댐을 만들기 위해서는 주변의 논과 밭 등을 없애야 해서 생태계가 파괴됩니다. 태양광 발전소도 햇빛을 흡수하는 패널을 설치해야 하는데 원자력 발전소를 만드는데 필요한 땅보다 더 큰 면적의 땅이 필요하다고 해요. 그리고 거기에서 자라는 풀과 나무도 모두 베어야 하고요. 나중에 다 사용한 패널은 어떻게 처리합니까? 이두발 토론자가 말한 것처럼 핵폐기물보다 태양광 패널 폐기물 때문에 우리 환경문제가 더 심각해질 수 있어요. 원자력 에너지가 두 얼굴이라는 의견도 있었는데요, 저는 신·재생 에너지가 두 얼굴 같아요. 저는 하루하루 미세먼지로 고통을 받는 지금, 깨끗한 원자력 에너지의 사용을 더 늘리기 위해 원자력 발전소가 더 많아져야 한다고 생각합니다."

유식이가 확신에 찬 음성으로 말했다.

"저도 최유식의 의견에 동의합니다. 앞으로 석유나 석탄도 줄어들 것이라고 합니다. 우리나라는 에너지를 해외에 크게 의존하고 있지만, 에너지 사용량은 점점 더 늘어가고 있습니다. 우리 집도 입시 공부하고 있는 누나를 위해 에어컨을 한 대 더 샀고, 친구네는 찬물, 뜨거운 물 나오는 정수기를 샀어요. 이처럼 집집마다 예전에 없던 전기제품이 자꾸만 늘어나고 있어요. 원자력 에너지만이 지금의 에너지 필요량을 채워줄 수 있을 것 같습니다. 위험한 거로 말하자면 공기 오염이 제일 무섭지 않나요? 최유식 토론자가 말한 것처럼 미세먼지가 우리 어린이들에게 무척 위험한데 화력 발전소를 줄이고 원자력 발전소를 더 늘려야 할 것 같습니다."

두발이가 어느새 어깨를 쭉 펴며 자신 있게 말했다.

"대상 도서를 보면 이렇게 작은 나라에서 원자력 발전소 밀집도가 세계 1위라고 합니다. 혹시라도 사고가 나면 어떻게 될까요? 지금, 이 순간에도 어쩌면 소리소문없이 우리의 국토가 방사선에 오염되고 있는지도 몰라요. 사고가 나지 않게 노력하기보다 사고가 아예 생기지 못하도록 원자력 발전소

"운영을 중단하는 방법이 최선이 아닐까요. 자꾸 원자력 에너지가 저렴하다고 하는데 이것은 우라늄 가격만 두고 보는 것 같습니다. 원전 건설비용이나 운영비, 핵 폐기물처분까지 하려면 상상도 할 수 없는 비용이 들 수 있습니다."

"와, 나도희. 싸움만 잘하는지 알았는데 토론도 잘하네."

"굉장하다. 준비 많이 하고."

아이들이 도희의 의견에 고개를 끄덕이는 친구들이 많았다.

주혜가 뒤질세라 반격에 나섰다.

"신·재생 에너지 관련 시설을 짓는데 돈이 많이 들어가는 것 알고 있나요? 조금 전에 최유식 토론자가 말했듯이 태양 빛은 돈이 들지 않지만, 이것을 만들고 나중에 폐기물 처리하는 것까지 따져보아야 합니다. 그리고 전기요금도 지금보다 많이 오른다고 합니다. 원자력 에너지로 저렴하게 전기

공급을 받아 이렇게 경제가 발전할 수 있었는데요. 지금도 경제가 몹시 어렵다고 합니다. 돈이 없는 서민이나 기업은 더 힘들어질 수 있어요. 또한, 신·재생 에너지가 친환경적이지 않다는 주장도 많고요."

두발이가 수첩에 깨알처럼 적은 내용을 다시 한번 훑어보았다.

"원자력 발전소 연구원들이 주변과 다른 지역의 방사선 수치를 꼼꼼하게 비교하고 있어요. 주민들이 안전한지, 쌀이나 보리 등 많은 농산물과 흙, 공기까지도 방사선 측정기기를 통해 하루도 빠지지 않고 확인하고 있어요. 이처럼 전국의 방사선 수치를 점검하면서 방사선 누출 사고와 핵폐기물들도 위험 수준에 따라 분류해서 안전하게 관리하고 있습니다."

"여러 토론자의 의견 잘 들었습니다."

인재가 숨을 크게 들이마셨다.

"저는 원자력 에너지와 신·재생 에너지가 서로 반대되는 관계가 아니라고 생각합니다. 두 에너지가 내 편 네 편 나누어서 싸울 필요가 없는 것 같아요. 우라늄도 언제인가 고갈될 수 있어요. 그렇다고 해서 현재 신·재생 에너지만으로 우리나라에서 필요한 전력을 전부 만들어내지 못한다고 합니다. 어느 한 가지 에너지를 중단하고 다른 에너지만 중점적으로 사용하다 보면 생각지도 못한 큰 문제가 일어날 수 있을 것 같아요. 그래서 저는 원자력 발전소를 줄이거나 중단하는 것이 아닌 신·재생 에너지와 함께 서로의 장점은 살리고 단점은 보완해야 한다고 생각합니다. 원자력 에너지와 신·재생 에너지가 함께 지속, 발전한다면 우리나라는 에너지 강대국이 될 수 있을 것 같아요."

구인재가 마치 TV토론 진행자처럼 두 손까지 올리며 말했다.

땡땡땡.

토론을 마치는 종이 울렸다.

"시간이 다 되었습니다. 그 어느 때보다 적극적으로 참여한 독서 토론이었습니다. 토론자 여러분, 그리고 함께 경청하고 평가를 해준 여러분 모두 애썼어요."

도희는 인재의 의견에 반박하려다 토론 시간이 끝나자 아쉬움에 눈물을 글썽거렸다.

"잠시 토론자 여러분들의 소감을 들어보겠습니다. 한 마디씩 해주시기 바랍니다."

"저는 진짜 토론이 찬성과 반대로 나누어져 상대 팀을 이겨야 한다고 생각했어요. 독서 토론을 시작하기 전까지 괜히 신청해서 후회했는데요. 이렇게 자리에 앉아 편안하게 자기 생각을 자유롭게 펼칠 수 있어서 좋았습니다."

두발이가 홀가분한 표정으로 말했다.

"저도요. 오늘 발언을 별로 하지는 못했는데 들으면

서도 참 많이 배웠어요. 선생님, 다음에도 계속 독서 토론을 했으면 좋겠어요."

인재가 말하자 아이들도 말하기 시작했다.

"저도 다음에는 꼭 참여할 거예요."

"저도요."

"저는 인재의 의견을 마저 반박하지 못해서 너무 속상했어요. 장점은 살리고 단점은 보완한다는 말이 너무 이상적인 것 같아요. 마치 이것도 좋고 저것도 좋다는 식으로 무책임한 것 같아요."

도희가 말하자 교실이 술렁거렸다.

"그러고 보니 도희 말도 맞는 것 같아요. 저는 아직 어떤 선택이 더 좋은지 잘 모르겠어요. 하지만 이렇게 토론하면서 많이 배운 것 같아요."

인재가 말하자 아이들이 와-하고 웃었다.

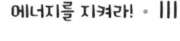

"저는 같은 팀을 이루어서 찬성과 반대 의견을 내세우는 토론이 더 흥미진진할 것 같아요."

"저는 각자 자기 생각을 그대로 표현할 수 있는 점이 참 좋았어요. 그리고 토론을 하기 전까지는 원자력 에너지에 대해 부정적이었는데 지금 토론을 마치고 나니 조금 생각이 바뀌는 것 같아요."

"어? 나는 이번 독서 토론을 통해 원자력 에너지에 대해 부정적으로 생각하게 되었는데."

윤성이가 말하자 아이들이 깔깔 웃었다.

"여러분, 똑같은 내용에 대해서 누구나 생각이 다를 수 있어요. 이렇게 독서 토론을 통해 상대방의 의견을 들으며 좋은 생각을 나눌 수 있습니다. 의견을 주고받으며 나도 상대방에게 영향을 주고 나도 영향을 받을 수 있지요. 원자력 에너지에 대한 독서 토론은 좀 어려

윘을 거예요. 우리 어린이들이 많은 정보를 정확히 알기에는 쉽지 않거든요. 지금도 뉴스에서 여러 전문가분과 교수님들도 찬성과 반대 의견으로 주장이 분분해요. 그런데도 이렇게 에너지에 대한 독서 토론을 한 이유는 어린이들도 함께 살아가면서 사회문제에 관심을 갖고 정확한 이해를 바탕으로 생각하는 자세를 키우기 위해서랍니다."

"네, 선생님!"

"네!"

아이들이 큰 소리로 대답했다.

"이제 토론을 본 친구들에게 물어볼게요. 누가 발표해 볼까요?"

"저요! 저요!"

이번에도 어김없이 윤성이가 손을 들며 말했다.

"저는 이번 토론을 지켜보면서 의견을 나누는 게 진짜 중요하다는 것을 느꼈어요. 어른들도 에너지 문제에 대해서 우리처럼 토론하면서 끊임없이 대화하고 소통하고 같이 해결해 나가기 위해 노력해야 할 것 같아요. 친구들도 참 잘했고 저도 많이 배웠어요."

"저도요, 원자력 에너지라는 주제가 어렵게만 생각했는데 우리 생활이랑 밀접해서 참 놀라웠어요. 무조건 찬성하거나 반대하는 것이 아니라 잘 알기 위해서 공부하는 것이 중요하다는 것을 알게 되었어요."

"저는 이야기식 독서 토론이 더 좋은지 팀을 이루어 찬반 대립식 토론을 하는 것이 더 좋은지 이 문제 가지고 토론을 해보는 것도 좋을 것 같아요."

민아가 말하자 아이들이 책상을 두들기며 웃었다.

"민아의 의견도 생각해볼게요. 오늘 토론을 통해 여러

분들의 생각이 한층 깊어진 것 같아 선생님도 참 뿌듯해요. 2학기 때 교내에서 독서 토론대회가 있으니까 참여하고 싶은 친구들은 준비해보기 바랍니다. 우리가 어떤 에너지를 사용할까도 중요하지만, 소중한 에너지를 어떻게 절약할 것인가도 무척 중요하겠지요. 내일 에너지 절약 방법에 대해 알아볼게요."

수업이 끝나자 아이들이 삼삼오오 모였다.

"두발아, 아까 너희 외삼촌 이야기해서 미안해. 나도 모르게 흥분했어."

민석이가 손을 내밀었다.

"나도 마찬가지야."

"야, 탁민석. 너 진짜 토론 잘하더라."

토론하는 내내 노려보던 유식이가 어느새 민석이와 다정하게 손을 잡고 있었다.

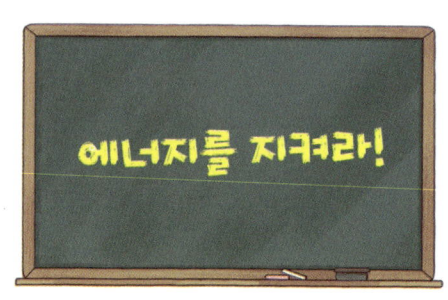

"얘들아, 오늘 내가 아이스크림 쏠게."

"우와! 좋지!"

"유식아, 지난번에 너네 낡은 아파트에 산다고 놀린 것 미안해. 두발이는 내가 독서 토론 같이 준비 안 한다고 했는데도 원자력 발전소 견학하게 해주어서 고맙다."

"친구끼리 뭘 그런 걸 가지고. 너 오늘 토론 제법이던데. 아이스크림 한 개 가지고 어림없고 두 개씩 사 줘."

"안 돼. 한 개씩만 먹어."

주혜가 딱 잘라 말했다. 학교 앞 가게에서 아이스크림을 골랐다.

"이 아이스크림도 전기 덕분에 차갑게 먹는구나. 주혜야, 잘 먹을게."

두발이가 한입에 아이스크림의 절반을 잘라 먹었다.

"나는 이번 토론하면서 어떤 에너지라도 너무 많이 사용하면 환경 오염이 되는 게 아닐까 생각하게 되었어."

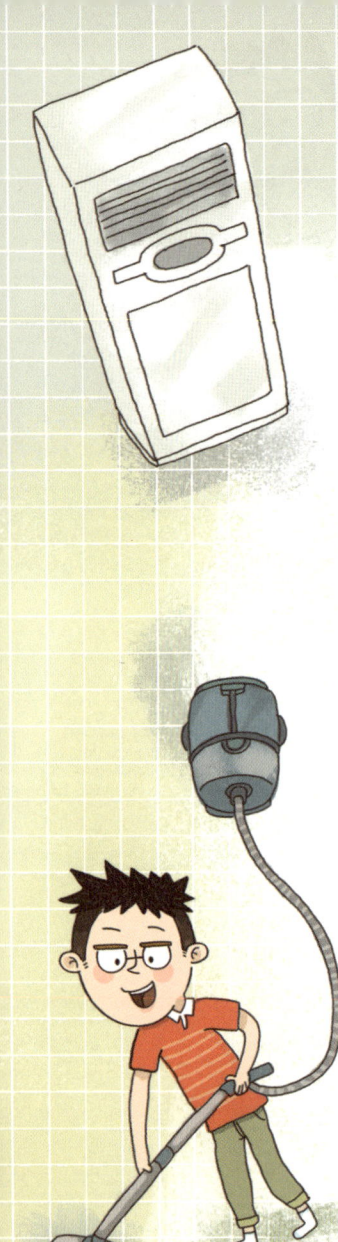

주혜가 말했다.

"나도. 수업시간에 온실가스 때문에 지구가 점점 더워지고 있다고 했잖아. 북극곰들도 이제 살 곳이 없어서 마을로 오고 있다고. 석유나 가스 사용도 줄이고 전기도 절약해야 할 것 같아."

두발이가 말했다.

"흐음, 너희들 이야기를 듣고 보니 하나밖에 없는 지구, 우리가 편안하

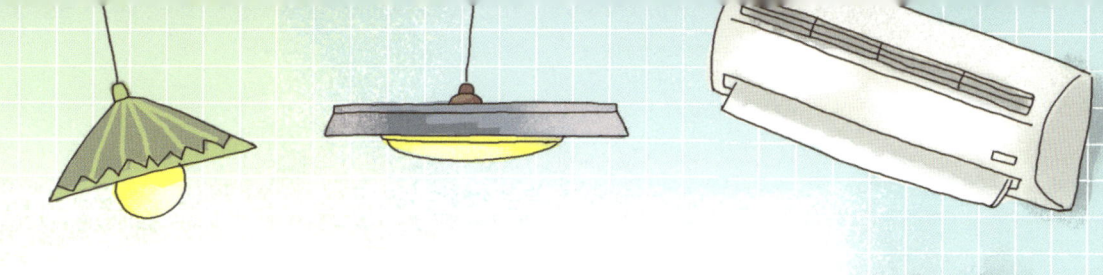

게 숨을 쉴 수 있는 지구를 위해 에너지가 낭비되지 않게 지켜야겠어. 내일 수업시간에 에너지를 절약하는 방법에 대해 공부한다고 했는데 우리 집에서 같이 알아볼까?"

유식이가 아이스크림을 먹으며 제법 진지하게 말했다.

"좋아. 우리 집에서 사용하는 전기제품부터 한 번 찾아보자. 에어컨, 선풍기, 텔레비전, 냉장고, 김치냉장고, 밥솥, 청소기…… 아휴, 많다."

주혜가 한숨을 쉬었다.

"우리 집도 마찬가지야. 전등도 많고, 휴대전화 충전기, 전자레인지, 세탁기, 우리 엄마가 좋아하는 에어 프라이어, 에어컨 두 대에…… 진짜 많다."

"그러게. 나는 에어컨도 강풍으로 틀고 거기다 선풍기까지 틀었는데 이제부터는 에너지 절약 일지를 써야겠어. 엄마 가계부처럼."

"나도 독서 토론 준비하면서 세계에서 쓰이는 에너지의 80% 이상이 화석 연료인지 처음 알았어. 책을 읽어 보니 앞으로 화석 에너지가 사라질 때를 대비해야 한다고 하는데 우리는 점점 더 에너지를 많이 사용하고 있으니…… 진짜 지구의 미래가 걱정된다."

"야, 미래까지 걱정하고. 제법이다."

어느새 유식이네 아파트 앞까지 왔다.

"우리 엄마는 친구들과 모임이 있어서 조금 늦게 오실 거야. 근데 오늘은 엘리베이터 타지 말고 걸어서 올라가자."

"당근이지. 또 엘리베이터에 갇혀서 고생하면 어쩌려고."

두발이가 히죽 웃었다.

"음, 토론할 때에는 신·재생 에너지 사용을 반대했었는데 지금 생각해보니까 더 사용량을 늘려야 할 것 같아. 자원이 없어질 고민을 하지 않아도 되고."

"그래? 내 생각은 조금 다른데. 여하튼 독서 토론이 좋긴 참 좋다. 서로 의견을 나누면서 생각이 바뀌기도 하고 우리가 조금 더 큰 것 같아."

유식이가 웃으며 말했다.

"그래. 하하하!"

"헤헤헤!"

"이야기하면서 오니까 빨리 와서 좋다."

유식이가 에어컨을 켰다.

"유식아, 강풍으로 빨리 올려!"

"두발아, 금방 에너지 절약한다고 해놓고. 그렇게 더우면 빨리 세수하고 와. 조금 있으면 시원해질 거야."

"알았어, 히히. 나도 모르게 그만."

두발이가 머리를 긁적였다.

"야, 너 컴퓨터도 안 끄고 학교 갔니? 이렇게 에너지를 펑펑 낭비하다니."

주혜가 놀라서 말했다.

"아차, 어제 잠깐 유튜브에서 원자력 에너지 찬성과 반대 의견들을 검색했는데……. 깜박 잊었나 봐."

"에너지 공부하면서 에너지를 이렇게 낭비하다니. 빨

리 전원 꺼야겠다."

두발이가 재빠르게 전원 버튼을 눌렀다.

"실은 우리 집도 에너지 낭비를 엄청 하고 있을 거야. 우리 에너지 절약하는 법. 같이 정리해볼까."

"좋았어. 우리가 만들어서 내일 친구들도 나누어주자."

"그럼 우리 에너지 지킴이가 나서서 유식이네 집을 살펴볼까. 어디서 에너지를 낭비하고 있는지!"

"야, 너희들 무슨 탐정 같아."

"어? 우리 집 거랑 똑같은 빙수기네. 너네 팥빙수 자주 해 먹니?"

주혜가 주방을 살펴보며 말했다.

"예전에 자주 만들어서 먹었는데 요즘은 일주일에 한 번 정도……."

"그런데 이렇게 계속 플러그를 꽂아 놓고 있다니."

"얘들아, 여기 텔레비전이랑, 컴퓨터…… 너무 많은 플러그가 꽂혀있어."

두발이가 마치 보물을 찾은 것처럼 호들갑을 떨었다.

"이렇게 많은 전자기기가 플러그에 꽂혀있다니! 오랜 시간 안 쓸 때는 귀찮더라도 플러그를 뽑아 놓아야 전력 낭비를 줄일 수 있대. 한 콘센트에 너무 많이 전기기구를 꽂아두면 위험하기도 하고."

주혜가 콘센트 주위를 살펴보며 말했다.

"그러고 보니 나도 텔레비전 보고 있다가 잠깐 다른 방에 가서 컴퓨터 할 때도 있고, 몇 시간째 아무도 없는 거실에 에어컨을 켜 놓을 때도 있었어."

"맞아. 나도 화장실 사용하고 불도 안 끄고 아침에 일어날 때도 있고."

두발이와 유식이가 서로 얼굴을 마주 보았다.

"나도 마찬가지야. 이렇게 무심코 에너지를 많이 낭비하는데……. 에너지가 사라지면 우리는 어떻게 될까? 원자력 에너지도, 신·재생 에너지도, 미래에 지금보다 더 좋은 에너지가 개발되더라도 이렇게 펑펑 낭비하다간 지구가 견디지 못할 것 같아. 우리들의 지구를 위해, 에너지를 지켜야겠어."

주혜가 결심한 듯 말했다.

1. 컴퓨터 10분 이상 사용하지 않으면 전원 끄기

2. 사용하지 않는 전기제품 플러그 뽑기

3. 에어컨 적정 온도로 켜기

4. 보일러 적정 온도로 켜기

5. 쓰지 않는 전등 끄기

6. 낮은 층은 걸어서 올라가기

7. 대중교통 이용하기

8. 냉장고 문 자주 열고 닫지 않기

9. 텔레비전 켜 놓고 다른 일 하지 않기

10. 온 가족이 에너지 절약에 동참하기

"우와, 우리가 그동안 엄청 낭비하고 있었네. 우리 오늘은 에너지 절약하는 방법, 이 정도만 찾고 내일 친구들과 함께 더 찾아보자."

"좋아, 오늘부터 우리는 에너지를 지키는 특공대!"

"아니, 아니. 특공대가 뭐야? 촌스럽게. 에너지를 절약하는 건 우리들의 미래를 책임지는 것이니까 '미래를 책임지는 삼총사', 어때?"

유식이가 슈퍼맨 흉내를 내었다.

"와, 그것도 좋다."

두발이가 맞장구를 쳤다.

"우리끼리 '삼총사'라고 부르면 다른 친구들이 좀 서운할 것 같아. 에너지에 관심 있는 친구들 다 함께 하는 게 좋을 것 같은데……."

주혜가 말하자 두발이와 유식이가 고개를 끄덕였다.

순간 주혜의 눈이 반짝였다.

"얘들아, 우리 에너지를 지키는 모임을 만들자. 아이들과 학교에서 에너지 절약 실천 캠페인도 하는 거야. 그리고 환경을 위해 어떤 에너지가 좋은지, 여러 에너지에 대해 함께 공부도 하고."

"흠, 진짜 좋은 생각이야. 모임 이름도 지어보자."

"음, 에너지를 지켜라! 어때? 에너지가 무조건 샘물처럼 펑펑 솟아나는 것인 줄 알았는데. 우리 어린이들이 에너지를 만드는 것은 힘들 수 있지만, 지금의 에너지를 지키는 것은 충분히 할 수 있잖아."

"오, 예. 에너지를 지켜라! 좋아. 내일 친구들한테 우리 모임 함께 하자고 해야겠다."

"오늘 두발이가 왜 이렇게 말을 잘하지. 에너지는 역시 우리들의 힘이야."

"우리 모두 에너지가 많은가 봐. 모든 어린이의 에너지를 모아서 전기로 만들 수 있으면 좋겠다. 하하하."

"우리, 에너지를 지켜라! 약속!"

"나도!"

"나도, 약속해!"

주혜, 유식이, 두발이가 서로 손을 잡고 환하게 웃었다.

작가의 말

지난해, 기록적인 불볕더위로 정전이 많았습니다. 같은 아파트에 사는 이웃들과 전기문제를 이야기하다가 원자력 에너지에 대한 찬·반 논쟁으로 이어지게 되었습니다.

오랜 세월, 친분을 쌓았던 세월이 무색할 정도로 내 편과 네 편으로 나뉘어 감정싸움으로 번지게 되었고 얼굴을 붉히며 헤어지게 되었습니다.

자신과 다른 의견은 무시하거나 듣지 않고, 자신의 의견만이 옳다고 주장할 때 더 이상 생산성 있는 대화를 할 수 없습니다.

우리는 살아가면서 옛이야기 장님과 코끼리에서, 코끼리의 각 부분을 만진 장님들이 자신이 만진 부분이 코끼리의 전부인 양 우기는 어리석음에 빠지는 경우가 많습니다.

독서를 통해 정확한 이해와 생각하는 힘을 기르고, 읽은 책을 바탕으로 토론하면서 균형 있는 시각과 전체를 바라볼 수 있는 눈을 키울 수 있어야 합니다.

    어린이 여러분들이 〈에너지를 지켜라!〉를 읽고 에너지에 대해 이모저모 알아보고, 원자력 에너지에 대해 다양한 관점에서 생각해 보고 고민해보는 계기가 되었으면 합니다.

    〈에너지를 지켜라!〉에 등장하는 엘포(L4) 선생님은 (사)전국독서새물결모임 회장이자 진광중학교 국어교사인 임영규 선생님을 모델로 했습니다. 선생님은 국가 신지식인 교사로 뜻이 있는 전국의 선생님들과 함께 우리 교육현장에 독서토론문화가 정착할 수 있도록 많은 노력을 하고 있습니다.

    모쪼록 우리 어린이들이 이 책을 통해, 함께 읽고 토론하며, 에너지 문제를 온몸으로 고민하고 해결하는 이 시대의 주인공이 될 수 있기를 바랍니다.

동화작가 정성현

꿈터 어린이 문학 25

에너지를 지켜라!

첫판 1쇄 펴낸날 2019년 3월 20일   2쇄 발행 2020년 4월 7일

글 정성현   그림 김이주

펴낸이 허경애

편집 김하민   교정 이기진   디자인 최정현   마케팅 정주열

펴낸곳 도서출판 꿈터   출판 등록일 2004년 6월 16일 제313-204-000152호

주소 서울시 마포구 양화로 156, 엘지팰리스빌딩 825호

전화번호 02-323-0606   팩스 0303-0953-6729

E-mail kkumteo77@naver.com   블로그 http://blog.naver.com/yewonmedia

인스타 kkumteo

ISBN 979-11-88240-54-8

ⓒ 정성현, 김이주 2019
이 책에 실린 글과 그림은 무단 전재 및 무단 복제할 수 없습니다.

어린이제품안전특별법에 의한 제품 표시
제조자명 꿈터 | 제조연월 2020년 4월 | 제조국 대한민국 | 사용연령 만 9세 이상 어린이 제품 | 주의사항 종이에 베이거나 긁히지 않도록 조심하세요.
책 모서리가 날카로우니 던지거나 떨어뜨리지 마세요. KC 마크는 이 제품이 공통안전기준에 적합하였음을 의미합니다.

* 잘못된 책은 구입하신 서점에서 바꾸어 드립니다.

이 도서의 국립중앙도서관 출판예정도서목록(CIP)은 서지정보유통지원시스템 홈페이지(http://seoji.nl.go.kr)와
국가자료종합목록시스템(http://www.nl.go.kr/kolisnet)에서 이용하실 수 있습니다. (CIP제어번호 : CIP2019009606)